DE LA
DÉPENSE DES ALIÉNÉS

ASSISTÉS EN FRANCE

ET DE LA COLONISATION

CONSIDÉRÉE COMME MOYEN POUR LES DÉPARTEMENTS DE S'EN EXONÉRER EN TOUT OU EN PARTIE.

PAR

LE DR E. BILLOD

MÉDECIN EN CHEF,
DIRECTEUR DE L'ASILE PUBLIC D'ALIÉNÉS DU DÉPARTEMENT DE MAINE-ET-LOIRE,
A SAINT-GEMMES-SUR-LOIRE,
PRÉSIDENT DE LA SOCIÉTÉ DE MÉDECINE D'ANGERS,
MEMBRE CORRESPONDANT DE LA SOCIÉTÉ MÉDICO-PSYCHOLOGIQUE.

———————

PARIS

VICTOR MASSON ET FILS,

Place de l'École-de-Médecine.

1861

DE LA

DÉPENSE DES ALIÉNÉS

ASSISTÉS EN FRANCE

ET DE

LA COLONISATION CONSIDÉRÉE COMME MOYEN POUR LES DÉPARTEMENTS

DE S'EN EXONÉRER EN TOUT OU EN PARTIE

Il était aisé de prévoir qu'après la promulgation de la loi du 30 juin 1838 et de l'ordonnance du 18 décembre 1839, qui ouvraient une ère nouvelle pour le sort des aliénés en France, et que par suite de l'organisation dans l'assistance qui allait en être le résultat, le nombre des admissions dans les établissements spéciaux s'accroîtrait dans des proportions considérables. Aussi, tous les départements qui ont fondé des asiles à dater de cette époque, ont-ils dû dans leurs prévisions tenir compte de cet accroissement probable et calculer la capacité de ces établissements sur un nombre d'aliénés de beaucoup supérieur à celui qui avait reçu jusqu'alors l'assistance. Mais quelles qu'aient pu être à cet égard les prévisions, on peut dire qu'elles ont été de beaucoup dépassées.

Le tableau extrait de la statistique des établissements d'aliénés dressée par les soins de S. Exc. le ministre de l'agriculture et du commerce, et que nous reproduisons à la fin de ce travail (1), fait ressortir déjà d'une manière évidente le fait de l'accroissement continu dans le nombre des admissions pour la période de 1835 à 1853 inclusivement, et nous avons lieu de croire que le mouvement progressif, bien que légèrement ralenti depuis 1854, s'est continué encore, et commence même à émouvoir la sollicitude des assemblées départementales et de l'administration supérieure.

Nous ne sommes pas en mesure de nous prononcer d'une manière rigoureuse sur le nombre des admissions effectuées en 1860; mais à en juger par le nombre d'aliénés sur lequel est calculé le chiffre de la dépense pour cet exercice, d'après les budgets départementaux de toute la France, à l'exception de ceux de l'Algérie, des colonies et des trois départements annexés, l'augmentation, bien que moins prononcée, ne laisse pas que d'avoir été sensible (2).

Nous n'avons point à rechercher les causes de cette énorme augmentation (3) et à discuter, par exemple, la question de savoir si elle résulte uniquement d'un accroissement réel dans le nombre des aliénés, et si elle ne serait pas inhérente à l'époque et aux progrès de la civilisation, ou si elle ne serait pas le résultat pur et simple des développements de l'assistance qui ont dû suivre la promulgation de la nouvelle loi, et de la réaction qui s'est opérée graduellement par suite dans l'opinion publique en faveur des établissements d'aliénés. Nous ne pouvons, à cet égard, qu'imiter la réserve exprimée par le rédacteur du document officiel que nous citions tout à l'heure dans le passage suivant :

(1) Voir le tableau n° 1.

(2) Voir les tableaux n°ˢ 2 et 3.

(3) On peut consulter avec fruit à ce propos deux mémoires de M. Morel, dans lesquels cette question est traitée à un certain point de vue, savoir les considérations qui suivent sa dissertation sur le *no-restraint* et son discours de réception à l'Académie des sciences, belles-lettres et arts de Rouen.

« Quelles peuvent être les causes de cette énorme augmenta-
» tion? Est-elle la conséquence de l'accroissement du nombre de
» nos établissements d'aliénés, de leur agrandissement, des amé-
» liorations dont ils sont l'objet? L'aliénation mentale fait-elle au
» contraire, comme l'assurent plusieurs observateurs, un plus
» grand nombre de victimes que par le passé? Faut-il croire,
» avec eux, que cette cruelle affection suit le développement
» même de la civilisation ; qu'elle grandit avec les progrès de
» l'instruction publique, avec l'activité industrielle et commerçiale,
» avec le mouvement de la richesse publique, avec cette ardente
» compétition pour le pouvoir, pour les honneurs, avec cette
» course haletante vers la fortune, le bien-être ? Les jouissances
» matérielles qui caractérisent au plus haut degré les générations
» modernes, les ardeurs fiévreuses qu'impriment aux esprits les
» conditions de la vie politique, avec ses passions, ses luttes, ses
» violences, ses déceptions, ses découragements, seraient-elles
» souvent fatales pour la raison ? Les révolutions, les crises indus-
» trielles et financières, les spéculations effrénées, les bouleverse-
» ments de fortunes, les déplacements de population, cet ébranle-
» ment en quelque sorte permanent de la société jusque dans ses
» dernières couches, qui est particulier à notre époque, auraient-ils
» le même effet ? Ce sont là de graves questions auxquelles il ne
» sera guère permis de répondre positivement que lorsque le cercle
» des observations se sera élargi, et notamment lorsque des dé-
» nombrements successifs auront permis de comparer le nombre
» des *aliénés à domicile* avec celui des aliénés traités dans les éta-
» blissements spéciaux. Jusque-là tout examen ne peut être que
» partiel et incomplet. »

Mais quelles que soient les causes de cette augmentation, elle a
eu pour double résultat : 1º d'accroître dans chaque département
la dépense des aliénés au point de constituer une des plus lourdes
charges qui pèsent sur le budget, et d'absorber ainsi une grande
partie des ressources qui pourraient être affectées à d'autres services
d'une égale importance ; 2º d'élever dans tous les asiles le chiffre
de la population au delà du nombre prévu, et de donner lieu par

là à un encombrement des plus regrettables sous le rapport de l'hygiène, tant générale que spéciale.

L'examen de ces conséquences de l'augmentation du nombre des aliénés assistés et l'étude des moyens d'y remédier, constituant en quelque sorte une question à l'ordre du jour, nous avons cru pouvoir l'aborder et faire connaître sur ce point le fruit d'une expérience administrative et médicale de plus de treize ans.

Dans un rapport à M. le préfet de Loir-et-Cher et imprimé à Blois en 1852, j'ai établi par des chiffres la possibilité de couvrir la subvention départementale au moyen d'un excédant équivalent de recettes.

Ce système reposait sur les données qui suivent :

Étant donnée une population de 500 aliénés, par exemple, divisés en :

1º 130 aliénés de Loir-et-Cher, au prix de journée de 1 fr. 10 c.
2º 350 aliénés de la Seine, au prix de journée de 1 fr. 22 c. en moyenne

Soit 480 indigents.

3º 20 pensionnaires de différentes classes ... 20

Total égal, 500

Nous avions cru, à cette époque où le prix des denrées était loin d'avoir atteint le chiffre auquel il s'est élevé depuis, pouvoir évaluer le prix de revient de chaque indigent en moyenne à 75 centimes ; mais il ne nous en coûte nullement de reconnaître que ce chiffre ne tenait pas un compte suffisant des oscillations qui pouvaient survenir dans le taux des dépenses, et pour prévenir tout mécompte, nous n'hésitons pas à le porter en moyenne à 90 centimes. Cette évaluation paraîtra d'autant moins exagérée qu'elle est supérieure de 10 centimes au taux de la journée sur lequel est calculée la subvention départementale en Maine-et-Loire, lequel n'est que de 80 centimes et y paraît à la rigueur suffisant, bien que ce département ne semble pas être dans des conditions plus avantageuses que le département de Loir-et-Cher sous le rapport du prix des denrées.

Ceci posé, de la comparaison entre ce prix de revient de 90 centimes et le prix de journée de 1 fr. 10 c. alloué par le département de Loir-et-Cher pour ses 130 indigents, il devait résulter un boni de 20 centimes par jour et par individu, soit par an. . . . . 9,490 fr. » c.

De la même comparaison pour les 350 aliénés de la Seine au prix de journée de 1 fr. 22 c. en moyenne, il devrait résulter un boni de 32 centimes par jour et par individu, soit par an 40,880   »

Évaluant le boni à réaliser sur les 20 pensionnaires au compte des familles, de diverses classes, à un chiffre moyen et à coup sûr fort modeste de   6,000   »

On obtenait par l'addition de ces trois bonis un boni total de . . . . 56,370 fr. »

Or, la subvention départementale de Loir-et-Cher, calculée sur 130 aliénés de ce département au prix de journée de 1 fr. 10 c., n'étant que de 52,195 francs, il en résulte évidemment qu'elle était plus que couverte par l'excédant de recettes ci-dessus et lui était même inférieure de 4,175 francs.

Mais avant d'appliquer ce boni à l'exonération du département, il était bien entendu qu'il devait être employé pendant plusieurs années au paiement des dépenses qu'avait nécessitées et que devait nécessiter encore l'achèvement de l'asile pour être en état de recevoir et de traiter convenablement le nombre de 500 aliénés qui formait la base du système.

Trois ans plus tard (1) M. Girard de Cailleux traitait la même

(1) 1855.

question et établissait également la possibilité de couvrir la subvention départementale dans un asile d'aliénés, au moyen d'un excédant équivalent de recettes, dans son spécimen du budget d'un asile d'aliénés.

En rappelant aujourd'hui le système à l'aide duquel j'avais cru pouvoir, en 1852, amener un semblable résultat pour le département de Loir-et-Cher, mon but est beaucoup moins de le défendre et de le préconiser que de le *critiquer* et de le *condamner*.

Ce système, en effet, reposant sur une pratique contre laquelle on ne saurait trop s'élever et qui devait cesser un jour ou l'autre pour l'honneur du département de la Seine, je veux parler du transfèrement de ses aliénés dans les asiles de province, ce système dis-je, péchait par sa base (1) et son application n'était susceptible que d'une durée éventuelle.

Tel n'est pas le système que nous nous proposons de lui substituer et dont nous allons commencer l'exposé. Comme il résulte de l'application à l'organisation des asiles d'aliénés de données fixes empruntées aux notions les plus élémentaires de l'économie agricole, on peut dire qu'il repose sur une base solide et immuable. Il peut être formulé ainsi :

D'après les avantages d'une exploitation agricole dans laquelle la main-d'œuvre et l'engrais sont réduits au minimum de dépense, *tout asile d'aliénés peut exonérer le département qui l'a fondé de la dépense de ses aliénés indigents, à la seule condition de posséder une étendue de terrains telle que les revenus de ces terrains exploités par lui à un taux donné équivalent au chiffre de ladite dépense.*

(1) Pour se prémunir contre les chances d'une résiliation et remédier ainsi au vice du système, on ne pouvait agir plus sagement qu'on ne l'a fait depuis, en achetant avec les ressources propres de l'asile la propriété voisine de Saint-Lazare pour y établir un pensionnat. Escompter l'avenir dans ces conditions, c'est évidemment l'assurer.

Supposons, par exemple, un département dans lequel la subvention pour la dépense des aliénés indigents calculée sur un nombre de 500, au prix de journée de 90 centimes, s'élève au chiffre de 140,000 francs, déduction faite d'une somme de 24,250 francs représentant la part des communes et des familles dans cette dépense. Si dans les conditions spéciales d'une exploitation fécondée par le travail des aliénés et qui, suivant les préceptes de l'économie agricole, tirerait de son propre fonds tout l'engrais qui lui serait nécessaire, des terrains donnaient un revenu de 15 0/0, il faudrait que l'étendue de ces terrains constituant le capital d'exploitation fût telle que leurs revenus à ce taux donnassent un chiffre égal à celui de la subvention départementale supposée de 140,000 francs. Il est bien entendu que si l'asile, en outre des revenus de cette exploitation, avait un bon pensionnat, les produits de ce pensionnat pourraient entrer en ligne de compte et concourir à l'exonération de manière à réduire d'autant le capital d'exploitation d'autre part.

Or, un revenu de 140,000 francs au taux de 15 0/0 représentant un capital de 933,333 francs, ou, à raison de 4,000 francs l'hectare, une surface agricole de 233 hectares environ, il en résulte qu'avec une avance de 933,333 francs en sus des dépenses de premier établissement pour la création de l'asile lui-même, un département pourrait rayer de son budget la subvention nécessaire pour la dépense de ses aliénés.

Le taux de 15 0/0 auquel j'ai évalué les revenus de l'exploitation dans l'exposé qui précède, bien qu'hypothétique, n'est rien moins que fictif pour un bon nombre des départements de la France, et, par exemple, pour les départements de Maine-et-Loire, de la Mayenne, d'Indre-et-Loire, de Loir-et-Cher, du Loiret, etc. Les agriculteurs les plus expérimentés que j'ai consultés sur ce point ont été unanimes à me déclarer qu'élimination faite de la main-d'œuvre et de l'engrais dans les dépenses d'une exploitation agricole dans cette partie de la France, le taux des revenus ne pouvait être inférieur à 15 0/0. Du reste, les résultats obtenus à l'asile de Sainte-Gemmes, où, pour une exploitation agricole de 15 hectares, y compris, il est vrai, une vacherie et une porcherie, les revenus en nature ont atteint le chiffre annuel de 12,500 francs, suffiraient à donner une idée des avantages de cette exploitation.

Il est évident que, pour l'application du système aux divers départements de la France, le chiffre du capital d'exploitation devrait varier suivant le nombre des aliénés et suivant la fertilité et la valeur vénale du sol.

Qu'il me soit permis de faire ressortir en passant les avantages d'une telle exploitation dans nos départements à landes, où on pourrait l'appliquer à des défrichements, et obtenir avec la main-d'œuvre des aliénés des résultats analogues à ceux qu'obtient Son Altesse la princesse Baciocchi dans les landes de Bretagne, s'associant ainsi aux vues généreuses et philanthropiques de l'Empereur; car le défrichement des landes n'a pas seulement pour but l'amélioration du sol, il tend surtout à assurer la salubrité et le bien-être des populations.

J'ai dit que dans l'exploitation qui forme la base du système, il n'y avait pas à tenir compte des dépenses de la main-d'œuvre et de l'engrais; je dois à cet égard m'expliquer en quelques mots.

Main-d'œuvre. — Dans toute entreprise agricole, on sait que les frais de main-d'œuvre dépassent toujours le chiffre de l'intérêt du capital. Or ici la main-d'œuvre ne coûtera rien, puisque le travail sera fait par les aliénés. Sans doute, il ne le sera pas exclusivement, et il convient de tenir compte d'une certaine dépense en personnel, en outils aratoires et en cheptel, car l'emploi de la charrue sera toujours nécessaire; mais il est évident que la main-d'œuvre des aliénés devant être appliquée à tous ces détails de l'exploitation pour lesquels l'agriculture se plaint de manquer de bras, et tels que les fauchages, les rentrées, les battages, les mesurages, les semailles, le fumage, etc., l'économie qui en résulte ne peut être que considérable.

Pour ce qui est du personnel des employés qui devraient diriger les aliénés dans ces divers travaux, comme, en dehors de cette spécialité, il serait encore nécessaire pour la surveillance, il ne constitue pas, à proprement parler, une création spéciale dont la dépense se rapporte absolument à l'exploitation.

Je reconnais encore que, pour une exploitation agricole de 233 hectares, la dépense d'un agent d'administration faisant fonctions de régisseur, sous l'autorité et la surveillance du directeur, serait nécessaire. Mais, tout en tenant compte de ces diverses dépenses, nous croyons émettre une vérité banale, en posant en principe que les frais de main-d'œuvre dans de telles conditions peuvent être considérés comme insignifiants relativement à l'importance des produits et comparativement à la dépense qu'ils occasionnent dans toutes autres conditions d'exploitation.

Que si l'on nous objectait encore que le travail des aliénés n'est pas absolument gratuit, puisque, d'après les instructions ministérielles, il est alloué à chaque aliéné travailleur un taux de rémunération, nous répondrions que ce taux, dépassant rarement 15 centimes, ne peut vraiment pas entrer en ligne de compte, et que, d'ailleurs, il fait retour la plupart du temps à l'asile après le décès des aliénés incurables pour lesquels il n'a pas reçu d'emploi.

Engrais. — S'il est une exploitation qui satisfasse à cette condition d'économie agricole qu'elle doit tirer de son propre fonds les engrais qui lui sont nécessaires, c'est certainement celle qui nous occupe, car elle peut affecter à cet usage non-seulement le fumier des écuries et des étables, mais encore la charrée et les excréments solides et liquides d'un nombreux personnel.

Or, pour apprécier l'importance de cette dernière production, il suffit de se reporter aux analyses de MM. Liebig et Boussingault, d'après lesquelles les excréments liquides et solides d'un homme s'élèvent par jour à 750 grammes, savoir : 625 grammes d'urine et 125 grammes de matière fécale, et renferment ensemble 3 0/0 d'azote, ce qui donne pour un an 273 kilogrammes 750 grammes d'excréments contenant 8 kilogrammes 205 grammes d'azote, quantité qui suffirait pour 400 kilogrammes de grains de froment, de seigle, d'avoine ou d'orge, et qui, ajoutée à l'azote atmosphérique, est plus que suffisante pour faire produire annuellement à 50 ares la récolte la plus riche.

M. Girardin, auquel j'emprunte cette donnée, cite en même temps ce fait que M. Bodin de la Pichonnerie fait jeter tous les jours, dans une fosse bétonnée et bien close, les déjections de cinq personnes qui composent sa maison; de temps en temps il y fait mêler de la poudre de charbon de bois, et, au bout de l'année, il en retire de quoi fumer 2 hectares de terre.

D'où il résulte que les excréments solides et liquides d'un personnel de cinq cents aliénés, plus cent employés environ, représentent l'engrais nécessaire pour fumer au moins 300 hectares, c'est-à-dire 67 hectares de plus que l'étendue sur laquelle nous basons notre système.

Or en prenant pour base, par exemple, la quantité de fumier nécessaire pour 1 hectare de terre à froment et à chanvre sur le territoire de Sainte-Gemmes, laquelle paraît être de 20 mètres environ, à raison de 11 francs le mètre, soit pour l'hectare 220 francs, on voit que la susdite quantité d'engrais produite par l'asile et propre à fumer 300 hectares, représente une valeur annuelle de 66,000 francs, dans laquelle la partie réservée pour la consommation de l'établissement n'entre que pour 51,260 francs.

D'après cela il est évident que, non-seulement nous avions raison de dire que l'exploitation tirerait de son propre fonds tout l'engrais qui lui serait nécessaire, mais encore qu'elle pourrait faire recette d'une notable partie.

Pour réaliser cette production d'engrais, il suffirait de la construction d'une citerne pour l'emmagasinage, et cette construction n'est ni difficile ni coûteuse.

Il résulte évidemment de ce qui précède que, moyennant un capital d'exploitation variable suivant l'importance du département, le nombre des aliénés à entretenir, et suivant la fertilité et la valeur vénale du sol, un département peut s'exonérer de toute la dépense de ses aliénés et rayer de son budget la subvention qu'il y affecte annuellement.

Il est non moins évident qu'à défaut d'une exonération totale, il peut réduire le prix de journée de ces mêmes aliénés, et par suite le chiffre de ladite subvention dans des proportions variables suivant le capital d'exploitation qu'il voudra affecter à cet usage.

On comprend que je n'aie eu égard dans cet exposé qu'aux départements, parce que c'est sur eux que pèse la plus grande partie de la dépense, et que s'étant en définitive imposé des sacrifices considérables pour la création d'un établissement, il est juste qu'ils soient les premiers indemnisés. Mais il est évident que rien n'empêcherait d'admettre les communes à participer aux avantages de l'exonération pour la part qui leur incombe dans la dépense de leurs aliénés, à la condition de concourir à la formation du capital d'exploitation par un apport proportionné à cette part. Ce serait important, surtout, pour les communes qui, ayant plus de 100,000 francs de revenu, sont appelées à supporter le tiers de la dépense de leurs aliénés.

Comme parmi les départements français il en est plusieurs qui, à raison de leur peu d'importance et du petit nombre d'aliénés qu'ils ont à entretenir, n'ont aucun intérêt et ne peuvent partant songer à créer un établissement spécial, on pourrait croire que notre système ne leur est pas applicable. Il n'en est rien cependant, car ces départements étant obligés de traiter avec les asiles d'autres départements pour l'entretien de leurs aliénés, pourraient parfaitement être admis à participer aux avantages de l'exonération en concourant à la formation du capital d'exploitation des asiles avec lesquels ils ont traité, par un apport proportionné au nombre de leurs aliénés.

Les départements auxquels notre système serait le moins facilement applicable sont ceux qui, n'ayant pas d'asile, ont traité avec la commission administrative d'un hospice pour l'entretien de leurs aliénés dans un quartier dépendant de ce même hospice. Sans doute il leur est toujours loisible de résilier leur traité et de créer un établissement dans des conditions qui leur permettraient l'espoir d'une exonération totale ou partielle; mais quelques-uns sont liés vis-à-vis des administrations avec lesquelles ils ont traité, par ce fait que ces administrations ont pu faire pour l'admission et l'entretien de leurs aliénés des dépenses de premier établissement dont ils demanderaient à être indemnisés en cas de résiliation. Mais comme, après tout, les traités passés entre ces départements et les commissions administratives ne contiennent aucune stipulation relative à leur durée indéfinie et au paiement d'une indemnité dans le cas où ils ne seraient pas renouvelés, les départements contractants pourraient profiter de l'époque de leur expiration pour mettre l'administration hospitalière en demeure de créer une colonie agricole annexe du quartier et de consentir à l'entretien gratuit de leurs aliénés, s'offrant dans ce cas à concourir au capital d'exploitation sur lequel reposerait le principe de l'exonération.

J'en dirai autant des départements qui ont traité avec des établissements privés et tels que les départements du Calvados, des Côtes-du-Nord, etc.

Quant aux départements pourvus d'asiles, l'application implique pour la plupart la création d'une colonie agricole annexe ou comprise dans l'enceinte de l'asile lui-même.

Pour quelques-uns de ces départements, il ne s'agirait en quelque sorte que d'une extension du système qui y est déjà en vigueur car il importe de ne pas oublier que le principe de la colonisation est généralement admis et appliqué de nos jours comme base de l'organisation des asiles.

Qu'il me soit permis, à cette occasion, de revendiquer pour notre cher et regrettable maître, M. Ferrus, l'honneur d'avoir le premier, en inaugurant le travail et surtout le travail des champs dans les asiles, conçu l'idée de la colonisation appliquée au régime de ces établissements. Personne n'ignore, en effet, que c'est à son initiative qu'est due la création de la ferme de Sainte-Anne auprès de Paris, qui peut être considérée comme le point de départ du système qui tend à prévaloir et comme sa première application. C'est donc avec étonnement que dans la notice, d'ailleurs si intéressante, du Dr Gustave Labitte sur la colonie de Fitz-James, nous voyons présenter le système de colonisation suivi à l'asile de Clermont comme n'ayant été appliqué dans aucun autre établissement. La création de la colonie de Fitz-James ne date, en effet, que de 1847, tandis que la ferme ou plutôt la colonie de Sainte-Anne date de 1828, comme succursale de l'asile de Bicêtre; et à l'appui du système que nous préconisons aujourd'hui, il n'est pas sans intérêt d'appeler l'attention sur la progression qu'ont subie tout d'abord les revenus de cette dernière colonie depuis 1833 jusqu'à 1841.

Ces revenus pour l'année 1833 ont été de 1,957 48

1834	—	3,258 94
1835	—	6,818 69
1836	—	15,369 36
1837	—	37,057 80
1838	—	38,328 30
1839	—	45,629 34
1840	—	50,918 01
1841	—	53,349 11

Il est vrai qu'aux produits de l'exploitation d'une superficie arable de 45 hectares environ, se joignaient ceux d'une blanchisserie de toiles dans l'enclos et d'un moulin à foulon pour le dégraissage et le nettoyage des couvertures et des effets d'habillement.

Après avoir fait remonter jusqu'à son véritable auteur l'initiative des idées de colonisation pour les asiles, il ne nous coûte nullement de reconnaître que si la plupart des asiles, entrant dans la voie qui venait de leur être ouverte, ont acheté des terrains pour appliquer à leur culture la main-d'œuvre des aliénés; si plusieurs même, tels que les asiles de Quatre-Mares, de Sainte-Gemmes, qui comprend dans son exploitation la culture de 16 hectares environ, plus une vacherie et une porcherie, de Napoléon-Vendée, etc., se sont constitués en véritable colonie agricole, aucun n'avait, comme les fondateurs de la colonie de Fitz-James, placé en dehors de son enceinte les dépendances de la ferme. Le chiffre de la population en vue duquel ces asiles étaient créés ne pouvait comporter la création d'un tel annexe qui eût constitué comme un deuxième établissement, et ne permettait pas tout d'abord d'appliquer autrement qu'on ne l'a fait à ces asiles les idées de colonisation.

Mais aujourd'hui que dans la plupart des départements le nombre des aliénés assistés s'est accru au delà de toutes prévisions et dans des proportions telles que ces départements n'auront bientôt pas d'autre alternative que d'agrandir leurs établissements ou d'en créer d'autres, le moment me semble venu de préconiser le système de colonisation dans un annexe distinct, quoique relevant pour le service médical et administratif de l'établissement principal, et il n'était pas sans intérêt de démontrer que cette création, loin de tendre à l'augmentation des charges qui pèsent déjà sur les départements pour l'entretien de leurs aliénés, devrait avoir au contraire pour résultat de les réduire, si ce n'est même de les supprimer en totalité.

Entre le système de colonisation dans des dépendances distinctes de l'asile et constituant une succursale, et le système de colonisation appliqué dans l'enceinte même, je pense avec MM. Labitte, Brierre de Boismont, etc., que le choix ne saurait être douteux. Un des avantages de la colonie distincte sur la colonie enclavée est de favoriser l'essor de l'exploitation agricole, en la dégageant plus complétement de préoccupations étrangères, de ne pas éveiller chez l'aliéné, comme l'asile proprement dit, les idées de claustration et de restriction à la liberté, et, en se prêtant plus facilement à des illusions sur le caractère de l'établissement, de tendre à faire oublier à ce même aliéné la nature de son mal, de constituer pour le convalescent comme un milieu transitoire entre l'asile et la société, et où il s'essaie en quelque sorte à la liberté, et de satisfaire enfin à des vues de patronage pour les aliénés guéris, en leur permettant d'attendre plus patiemment l'emploi qui doit leur assurer des ressources après la sortie.

Du reste, il est une circonstance qui me paraît être de nature à vaincre toute hésitation quant au choix du système, c'est que dans le cas de la colonisation enclavée, l'extension du territoire est à peu près impossible à moins des sacrifices les plus onéreux, l'administration étant en quelque sorte à la merci des propriétaires qui exploitent en général son besoin d'acquérir, ce qui ne peut avoir lieu dans l'hypothèse d'une colonie annexe pour l'amplacement de laquelle l'administration jouit de toute sa liberté de choisir.

Il y a même lieu de se demander à cette occasion si, dans certain cas, il ne serait pas possible de suppléer à l'achat des terrains par une location. Il est évident, en effet, qu'en payant 3 0/0 de fermage pour des terrains qui, exploités par l'asile, rapporteraient 15 0/0, ce dernier réaliserait un revenu de 12 0/0 qui pourrait être affecté annuellement à des acquisitions successives.

Comme avantage commun aux deux systèmes de colonisation, je signalerai la possibilité d'étendre les bienfaits de l'assistance à toute une classe de déshérités pour l'admission desquels les administrations départementales sont obligées de se montrer regardantes, je veux parler des idiots et des simples imbéciles, sans qu'il résulte pour elles aucun surcroît de charge, du moment où les bras de ces infortunés pourraient être utilisés pour la colonisation.

2

Comme dernier argument en faveur de la colonisation, je dirai qu'elle satisfait aux principales conditions de l'hygiène générale et spéciale, car elle a pour base le travail et surtout le travail des champs, qui constitue un des agents les plus efficaces du traitement de l'aliénation mentale et dont l'influence sur la santé générale ne peut d'ailleurs être contestée par personne.

Il résulte évidemment de ce qui précède, croyons-nous, que la colonisation, soit dans une succursale des asiles, soit dans des dépendances renfermées dans leur enceinte, constitue le seul moyen de remédier à l'encombrement qui règne dans ces établissements, et qui résulte d'une disproportion flagrante entre le nombre actuel des aliénés et la capacité des quartiers qui les reçoivent, et que cette colonisation, loin de constituer pour les départements un surcroît de dépenses, tend au contraire à les alléger d'une de leurs plus lourdes charges, à la condition de *composer l'exploitation agricole qui sert de base au système, d'une étendue de terrains suffisante pour que les revenus de ces terrains à un taux donné représentent un chiffre annuel égal à celui de la dépense des aliénés.* Sous ce rapport encore, la colonie de Fitz-James pourrait me servir d'exemple, car il est probable que le chiffre des revenus de son exploitation doit être au moins égal au chiffre de la subvention payée par le département de l'Oise pour l'entretien de ses aliénés, d'où il résulte que si ce département était lui-même propriétaire de l'établissement de Clermont et de ladite colonie, il se trouverait ainsi, par le fait, totalement exonéré.

A propos de la colonisation appliquée au régime des aliénés, je ne veux pas anticiper sur le rapport de la commission chargée par la Société médico-psychologique de visiter la colonie de Gheel, en jugeant le système de colonisation qui y est suivi et en le comparant aux systèmes que nous venons d'examiner; mais, sans préjuger l'opinion des savants commissaires, je crois pouvoir présumer que tout en se montrant favorables au maintien d'une colonie qui fonctionne depuis tant d'années et dont la suppression par cela seul offrirait plus d'inconvénients que d'avantages, ils

seront unanimes, malgré des plaidoyers récents en sa faveur (1),
à en condamner le principe et à en repousser l'application.

J'ai lieu également de penser que la même unanimité se ren-
contrera dans l'option pour le système de colonisation dans une
annexe distincte, mais relevant, pour le service médical et administratif, d'un établissement principal, comme réunissant tous les
avantages de la colonie de Gheel, sans en offrir les inconvénients
et les dangers au point de vue de l'ordre et de la moralité publics,
de la sûreté des personnes et de la propagation de la folie par
transmission héréditaire.

Parmi les départements dont nous venons d'étudier d'une manière générale la situation au point de vue de l'application qui
pouvait leur être faite du système tendant à les exonérer de la
dépense de leurs aliénés, il en est un qui, à raison de sa situation
particulière et de son importance exceptionnelle, méritait une men-
tion à part et que pour ce motif j'ai dû réserver pour la fin de ce
travail; je veux parler du département de la Seine.

Bien-que dans la statistique officielle le nombre des admissions
dans ses établissements d'aliénés ne s'y soit accru depuis 1835 que
de 33 0/0, tandis que pour le reste de la France cette proportion
a été de 97 0/0 (2), on comprend que les effets de cet accroissement y aient été plus sensibles et plus graves qu'ailleurs à raison
de l'insuffisance de ses quartiers et que, dans l'intérêt de la salubrité, on ait dû aviser d'urgence aux moyens de remédier à l'encombrement qui allait en résulter. On sait que parmi ces moyens
l'administration de la Seine s'est trouvée d'abord dans la nécessité

_(1) Lire à ce sujet les articles intéressants de M. Moreau de Tours, publiés dans
la *Revue indépendante* en 1842; de M. Legrand du Saulle, publiés dans la *Gazette
des Hôpitaux* sur le livre de M. L. Duval, et ce dernier livre lui-même.

(2) Cette différence prouve, ainsi que l'observe avec raison le rédacteur officiel,
que l'accroissement total des admissions dans l'ensemble des asiles est dû moins
au développement de la maladie qu'à la création de nouveaux établissements, car
on ne comprendrait pas que la folie ait pu faire moins de progrès dans le département de la Seine que dans les autres départements.

d'opter pour le déversement du trop plein de ses établissements sur les asiles de province. J'ai dit plus haut qu'on ne saurait trop s'élever contre une semblable pratique; mais, outre qu'elle est née de la nécessité et de l'urgence, il faut reconnaître que dans l'impossibilité où se trouvait apparemment le département de la Seine d'apporter dans le moment au mal son remède radical en créant de nouveaux établissements, cette mesure était beaucoup plus sage que celle qui a été adoptée en Angleterre dans le comté de Middlesex pour les aliénés de Londres, et qui a consisté d'abord à venir en aide à un asile de 1,000 malades (Hanwel), par la création d'un autre asile de 1,000 malades (Colney-Hatch) (1), puis à agrandir ces deux établissements par des additions successives de nouveaux quartiers dont le moindre inconvénient était de rompre l'harmonie du programme primitif. Lors de mon voyage en Angleterre, la population de Colney-Hatch dépassait 1,800, et l'on méditait dans le moment les moyens de l'accroître encore, et Hanwell avait subi des développements analogues.

L'expédient adopté par le département de la Seine pour remédier à l'insuffisance de ses quartiers, avait au moins sur celui qui a prévalu dans le comté de Middlesex l'avantage de n'être que provisoire et de réserver la question au lieu de la résoudre d'une manière aussi peu conforme aux plus saines données de la médecine et de l'hygiène spéciales. Je ne crois pas trop m'avancer en affirmant, pour l'honneur de nos honorables confrères d'outre-Manche, qu'ils ont dû rester étrangers à l'adoption de cet étrange programme.

Quant au département de la Seine, on sait qu'il se dispose à faire un grand pas vers une solution définitive, et que la question est tout au moins en ce moment l'objet d'une étude sérieuse. Il appartenait à l'éminent administrateur placé par la confiance de S. M. l'Empereur à la tête de ce beau département, de prendre l'initiative sous ce rapport et d'attacher son nom à une réforme

---

(1) Parchappe : *Des principes à suivre dans la fondation et la construction des asiles d'aliénés*, page 312.

qui comptera parmi les grandes choses qui auront marqué son administration et seront une des gloires du nouvel Empire. Qu'il me soit permis seulement à cette occasion d'exprimer le vœu que, parmi les établissements qu'il est question de créer, deux au moins aient le caractère de colonie agricole, soient situés au centre d'un pays producteur, tel que la Brie et la Beauce, et comprennent, avec une ferme et toutes ses annexes, une étendue de terrain suffisante pour qu'on puisse y appliquer le système que nous venons d'exposer.

Outre que la création de semblables établissements ne comporterait pas la même dépense que des asiles proprement dits, situés surtout aux portes de Paris, elle tendrait à une réduction considérable de la dépense d'entretien d'un grand nombre d'aliénés, si ce n'est à une exonération totale.

Nous terminons ce travail par la publication des tableaux ci-après :

TABLEAU N° 1.

NOMBRE ET ACCROISSEMENT DES ADMISSIONS DANS LES ASILES D'ALIÉNÉS DEPUIS 1835 JUSQU'EN 1853.

En 1835 il y a eu 3,947 admissions.
— 1836 — 4,215 —
— 1837 — 4,441 —
— 1838 — 4,910 —
— 1839 — 5,536 —
— 1840 — 5,433 —
— 1841 — 5,851 —
— 1842 — 6,686 —
— 1843 — 6,798 —
— 1844 — 7,435 —
— 1845 — 7,518 —
— 1846 — 7,570 —
— 1847 — 7,686 —
— 1848 — 7,341 —
— 1849 — 7,536 —
— 1850 — 8,184 —
— 1851 — 8,592 —
— 1852 — 9,782 —
— 1853 — 9,081 —

TABLEAU N° 2.

DÉSIGNATION des DÉPARTEMENTS.	POPULATION de chaque département d'après le recensement de 1856.	PRIX de LA JOURNÉE. (fr.)	(c.)	Nombre d'aliénés sur lequel est calculée la subvention départem.le pour l'année 1860.	NOMBRE PROPORTIONNEL d'aliénés sur 100,000 habit.
* Ain	370.919	0	90	190	51
Aisne	555.539	1	»	160	29
* Allier	352.241	0	68	305	86
Alpes (Basses-)	149.670	1	10	47	31
Alpes (Hautes-)	129.556	1	20	29	22
* Ardèche	385.835	0	90	186	48
Ardennes	322.138	1	05	95	29
* Ariége	251.318	0	95	158	63
Aube	261.673	1 1	10 05	110	42
* Aude	282.833	1	»	119	42
* Aveyron	393.890	0	90	139	35
* Bouches-du-Rhône	473 365	1 1	25 20	536	113
* Calvados	478.397	1	»	346	71
* Cantal	247.665	0	80	100	41
* Charente	378.721	1	10	114	30
* Charente-Inférieure	474.828	0	96	190	40
* Cher	314.844	1	10	106	34
* Corrèze	314.982	0	90	102	32
Corse	240.183	1	20	25	10
* Côte-d'Or	385.131	1	»	275	71
* Côtes-du-Nord	621.573	0	80	366	59
Creuse	278.889	0	90	58	21
Dordogne	504.651	1	10	108	21
* Doubs	286.888	0	96	100	35
Drôme	324.760	0	98	149	46
* Eure	404.665	1 1 1	10 20 25	284	70
Eure-et-Loir	291.074	1	20	140	48
* Finistère	606.552	0	75	345	56
Gard (1)	419.697	1	00	118	
* Garonne (Haute-)	481.247	1	»	260	54
* Gers	304.497	1	10	180	59
* Gironde	640.757	1	»	329	51
* Hérault	400.424	1	15	215	53
* Ille-et-Vilaine	580.898	0	81	345	59
Indre	273.479	0	90	68	25
* Indre-et-Loire	318.442	1	»	211	66
* Isère	576.637	1	»	282	49
* Jura	296.701	0	90	95	32
Landes	309.832	0	38	60	19
* Loir-et-Cher	264.043	1	»	170	64
Loire	505.260	0	80	310	61
* Loire (Haute-)	300.994	0	70	85	28
* Loire-Inférieure	555.996	1	10	360	65

DÉSIGNATION des DÉPARTEMENTS.	POPULATION de chaque département d'après le recensement de 1856.	PRIX de LA JOURNÉE. (fr.)	(c.)	Nombre d'aliénés sur lequel est calculée la subvention départem.le pour l'année 1860.	NOMBRE PROPORTIONNEL d'aliénés sur 100,000 habit.
* Loiret	345 115	1	»	220	64
* Lot	293 733	1	10	132	45
Lot-et-Garonne	340 041	1	05	118	34
* Lozère	140 819	1	81	113	84
* Maine-et-Loire	524 387	1	80	460	87
* Manche	595.202	1	98	400	67
* Marne	372.050	1	05	210	56
* Marne (Haute-)	256.512	1	00	127	49
* Mayenne	373.841	0	83	191	51
* Meurthe	424.373	0	80	265	62
* Meuse	305.727	0	90	220	72
* Morbihan	473.932	0	80	237	50
* Moselle	451.152	1	10	260	58
* Nièvre	326.086	0	70	240	73
* Nord	1.212 353	1	00	600	49
* Oise	396.085	0	97	229	58
* Orne	430.127	1	00	280	65
* Pas-de-Calais	712.346	0	90	422	59
* Puy-de-Dôme	590.062	0	74	251	42
* Pyrénées (Basses-)	436.442	1	00	120	27
Pyrénées (Hautes-)	245.356	1	26	49	20
Pyrénées-Orientales	183.056	1	00	45	24
* Rhin (Bas-)	563.355	1	15	300	53
Rhin (Haut-)	499.442	1	15	235	47
* Rhône	625.091	1	00	596	95
Saône (Haute-)	312.397	1	05	130	41
Saône-et-Loire	575.018	0	95	180	31
* Sarthe	467.093	1	00	265	57
* Seine	1.727.419	1 20 en moyenne. 1 00		3.675	212
Seine-et-Marne	341.382	0	96	199	58
Seine-et-Oise	484.079	0	98	291	60
* Seine-Inférieure	769.050	1	25	1.000	129
* Sèvres (Deux-)	327.846	1	20	160	48
Somme	566.519	1	05	240	41
* Tarn	354.532	1	00	182	
* Tarn-et-Garonne	234.782	1	05	160	68
Var	371.820	1	10	220	59
* Vaucluse	268.994	1	10	196	73
* Vendée	389.083	1	00	180	46
* Vienne	322.585	1 1	00 20	174	54
* Vienne (Haute-)	319.787	0	65	169	53
Vosges	405.708	1	05	232	57
* Yonne	368.901	1	00	185	50
	36.039.364			22.122	61

Il importe de ne pas oublier qu'il s'agit ici du nombre des aliénés sur lequel est calculée la subvention départementale et non du nombre de ceux qui ont été entretenus pendant le cours de l'année, lequel nombre comprend nécessairement 1° les existants au 1er janvier, et 2° les entrées, les sorties et les décès. — Nous marquons d'un astérisque les départements dont les aliénés sont traités dans un établissement du département, les autres départements ayant traité pour l'admission de leurs aliénés dans un asile public, un asile privé ou un quartier d'aliénés d'un autre département.

(1) Le prix de la journée et le nombre d'aliénés sur lequel est calculée la subvention ne sont qu'approximatifs pour le département du Gard.

TABLEAU N° 3. — SOUS-CHAPITRE IX DES BUDGETS DÉPARTEMENTAUX. — (Exercice 1860.)

DÉSIGNATION des DÉPARTEMENTS	MONTANT de l'évaluation de la dépense des aliénés à la charge de chaque département.	A DÉDUIRE				RESTE à la charge de la première section.	FRAIS de transport et de nourriture en route des aliénés indigents qui appartiennent au département.	TOTAL du sous-chapitre IX.
		Ce que les aliénés ou leurs familles peuvent fournir à l'aide de leurs propres ressources.	Le produit des indemnités à fournir par les hospices.	Ce que le conseil général juge convenable de laisser à la charge des centimes facultatifs	Le produit présumé du concours des communes du domicile des aliénés.			
	fr. c.	fr. c.	fr. c.	fr. c.	fr. c.	fr. c.	fr. c.	fr. c.
Ain	63.650 »	6.325 »	»	» »	9.325 »	48.000 »	800 »	48.800 »
Aisne	58.400 »	5.100 »	» »	» »	9.300 »	44.000 »	3.000 »	47.000 »
Allier	76.464 »	7.628 50	» »	» »	6.500 »	62.335 50	500 »	62.835 50
Alpes (Basses-)	18.894 »	750 »	200 »	» »	436 »	17.508 »	792 »	18.300 »
Alpes (Hautes-)	12.702 »	600 »	» »	» »	1.000 »	11.102 »	898 »	12.000 »
Ardèche	61.920 »	3.500 »	» »	» »	7.900 »	50.520 »	1.500 »	52.020 »
Ardennes	36.408 75	2.408 75	» »	» »	5.000 »	29.000 »	1.800 »	30.800 »
Ariége	54.786 50	1.786 50	» »	» »	» »	53.000 »	400 »	53.400 »
Aube	46.727 20	6.000 »	» »	» »	8.227 20	32.500 »	700 »	33.200 »
Aude	43.400 »	2.500 »	» »	» »	5.500 »	35.400 »	800 »	36.200 »
Aveyron	50.040 »	2.940 »	400 »	» »	7.200 »	39.500 »	500 »	40.000 »
Bouches-du-Rhône	232.048 75	17.000 »	» »	» »	123.400 »	91.648 75	3.451 25	95.100 »
Calvados	125.000 »	2.000 »	» »	» »	23.000 »	100.000 »	1.000 »	101.000 »
Cantal	29.000 »	4.030 »	» »	» »	2.570 »	22.400 »	1.600 »	24.000 »
Charente	45.726 »	5.000 »	» »	» »	5.326 »	35.400 »	600 »	36.000 »
Charente-Inférieure	66.576 »	3.576 »	» »	» »	13.000 »	50.000 »	800 »	50.800 »
Cher	42.559 »	200 »	» »	» »	7.400 »	34.959 »	300 »	35.259 »
Corrèze	33.660 »	660 »	» »	» »	» »	33.000 »	1.000 »	34.000 »
Corse	10.950 »	» »	» »	» »	950 »	10.000 »	1.000 »	11.000 »
Côte-d'Or	100.375 »	10.800 »	» »	» »	18.000 »	71.575 »	1.000 »	72.575 »
Côtes-du-Nord	115.500 »	6.000 »	» »	» »	13.000 »	96.500 »	8.000 »	104.500 »
Creuse	19.140 »	840 »	» »	» »	1.000 »	17.300 »	2.500 »	19.800 »
Dordogne	43.293 96	3.700 »	» »	» »	2.593 96	37.000 »	500 »	37.500 »
Doubs	35.000 »	3.500 »	» »	» »	10.000 »	21.500 »	»	22.000 »
Drôme	50.035 »	3.175 »	» »	» »	7.708 »	39.152 »	1.000 »	40.152 »
Eure	123.846 60	8.000 »	6.000 »	1.200 »	13.000 »	95.646 60	600 »	96.246 60
Eure-et-Loir	49.644 79	6.023 70	» »	» »	9.518 90	34.102 19	300 »	34.402 19
Finistère	106.000 »	5.000 »	» »	» »	17.000 »	84.000 »	2.000 »	86.000 »
Gard	43.000 »	» »	» »	» »	» »	43.000 »	1.000 »	44.000 »
Garonne (Haute-)	94.900 »	2.000 »	20.000 »	» »	29.500 »	43.400 »	600 »	44.000 »
Gers	72.270 »	6.570 »	» »	» »	10.000 »	55.700 »	300 »	56.000 »
A reporter	1.961.917 55	127.613 45	26.600 »	1.200 »	367.355 06	1.439.149 04	39.741 25	1.478.890 29

TABLEAU N° 3. — *Suite.*

DÉSIGNATION des DÉPARTEMENTS.	MONTANT de l'évaluation de la dépense des aliénés à la charge de chaque département. (fr.)	(c.)	Ce que les aliénés ou leurs familles peuvent fournir à l'aide de leurs propres ressources. (fr.)	(c.)	Le produit des indemnités à fournir par les hospices. (fr.)	(c.)	Ce que le conseil général juge convenable de laisser à la charge des centimes facultatifs (fr.)	(c.)
Reports. . .	1.961.917	55	127.613	45	26.600	»	1.200	»
Gironde. . .	120.000	»	4.500	»	»	»		
Hérault. . .	90.246	»	6.000	»	6.800	»		
Ille-et-Vilaine. . .	107.017	75	6.000	»	»	»		
Indre. . .	22.795	30	3.895	30	»	»		
Indre-et-Loire. . .	77.015	»	2.330	40	4.106	25		
Isère. . .	102.930	»	32.485	»	»	»		
Jura . . .	31.293	»	1.300	»	»	»		
Landes . . .	24.090	»	230	»	»	»		
Loir-et-Cher. . .	62.050	»	3.500	»	»	»		
Loire. . .	91.760	»	4.760	»	400	»	31.573	47
Loire (Haute-) . . .	24.375	»	2.000	»	»	»		
Loire-Inférieure . . .	156.841	»	8.260	»	.01	»		
Loiret . . .	81.320	»	12.800	»	»	»		
Lot. . .	52.800	»	450	»	»	»		
Lot-et-Garonne . . .	45.223	50	2.800	»	»	»		
Lozère . . .	33.900	»	800	»	»	»		
Maine-et-Loire . . .	134.320	»	9.000	»	»	»		
Manche. . .	143.000	»	9.000	»	»	»		
Marne . . .	81.803	»	7.000	»	»	»		
Marne (Haute-) . . .	46.355	»	2.000	»	»	»		
Mayenne . . .	57.863	45	1.605	06	»	»		
Meurthe . . .	82.216	25	6.446	25	»	»		
Meuse . . .	72.270	»	7.200	»	»	»		
Morbihan. . .	74.600	»	4.000	»	»	»	9.500	»
Moselle. . .	104.000	»	5.000	»	»	»	1.000	»
Nièvre . . .	65.700	»	4.700	»	»	»		
Nord. . .	219.000	»	11.000	»	»	»		
Oise . . .	81.104	27	4.816	91	»	»		
Orne. . .	102.200	»	4.000	»	»	»	7.700	»
Pas-de-Calais . . .	142.800	»	8.000	»	»	»		
A reporter. . .	4.492.806	07	303.492	37	38.407	25	50.973	47

DÉSIGNATION des DÉPARTEMENTS.	Le produit présumé du concours des communes du domicile des aliénés. (fr.)	(c.)	RESTE à la charge de la première section. (fr.)	(c.)	FRAIS de transport et de nourriture en route des aliénés indigents qui appartiennent au département. (fr.)	(c.)	TOTAL du sous-chapitre IX (fr.)	(c.)
Reports. . .	367.335	06	1.439.149	06	33.741	25	1.478.890	29
Gironde. . .	29.500	»	86.000	»	4.000	»	90.000	»
Hérault. . .	28.000	»	49.446	»	354	»	49.800	»
Ille-et-Vilaine. . .	17.000	»	84.017	75	1.500	»	35.517	75
Indre. . .	900	»	18.000	»	1.300	»	19.300	»
Indre-et-Loire. . .	2.911	»	67.667	35	600	»	38.267	35
Isère. . .	20.805	»	49.640	»	2.360	»	52.000	»
Jura . . .	5.500	»	24.493	»	507	»	25.000	»
Landes . . .	2.221	91	21.638	09	1.000	»	22.638	09
Loir-et-Cher. . .	6.400	»	52.150	»	300	»	52.450	»
Loire. . .	18.600	»	36.426	53	1.000	»	37.426	53
Loire (Haute-) . . .	3.500	»	18.875	»	600	»	19.475	»
Loire-Inférieure . . .	48.580	»	99.500	»	500	»	100.000	»
Loiret . . .	15.520	»	53.000	»	1.000	»	54.000	»
Lot. . .	4.000	»	48.350	»	300	»	48.650	»
Lot-et-Garonne . . .	5.460	»	36.963	50	1.850	25	38.813	75
Lozère . . .	3.100	»	30.000	»	1.000	»	31.000	»
Maine-et-Loire . . .	13.000	»	112.320	»	500	»	112.820	»
Manche. . .	17.000	»	117.000	»	2.500	»	119.500	»
Marne . . .	16.438	»	58.345	»	2.000	»	60.345	»
Marne (Haute-) . . .	10.000	»	34.355	»	1.200	»	35.555	»
Mayenne . . .	7.482	13	48.806	25	500	»	49.306	26
Meurthe . . .	23.770	»	52.000	»	3.000	»	55.000	»
Meuse . . .	18.000	»	47.070	»	700	»	47.770	»
Morbihan. . .	11.750	»	49.350	»	2.500	»	51.850	»
Moselle. . .	22.500	»	75.500	»	2.000	»	77.500	»
Nièvre . . .	14.000	»	47.000	»	1.000	»	48.000	»
Nord. . .	48.000	»	160.000	»	7.000	»	167.000	»
Oise . . .	11.587	36	64.700	»	300	»	65.000	»
Orne. . .	»	»	90.500	»	3.500	»	94.000	»
Pas-de-Calais . . .	35.000	»	99.800	»	2.000	»	101.800	»
A reporter. . .	827.870	46	3.272.062	52	86.612	50	3.358.675	02

TABLEAU N° 3.

— Suite.

DÉSIGNATION des DÉPARTEMENTS.	MONTANT de l'évaluation de la dépense des aliénés à la charge de chaque département.	Ce que les aliénés ou leurs familles peuvent fournir à l'aide de leurs propres ressources.	Le produit des indemnités à fournir par les hospices.	Ce que le Conseil général juge convenable de laisser à la charge des centimes facultatifs	Le produit présumé du concours des communes du domicile des aliénés.	RESTE à la charge de la première section.	FRAIS de transport et de nourriture en route des aliénés indigents qui appartiennent au département.	TOTAL du sous-chapitre IX.
	fr. c.	fr. c.	fr. c.	fr. c.	fr. c.	fr. c.	fr. c.	fr. c.
Reports	4.492.806 07	303.492 37	38.407 25	50.973 47	827.870 46	3.272.062 52	86.612 50	3.358.675 02
Puy-de-Dôme	67.475 »	4.475 »	» »	» »	9.000 »	54.000 »	6.000 »	60.000 »
Pyrénées (Basses-)	43.800 »	1.000 »	» »	» »	5.500 »	37.300 »	500 »	37.800 »
Pyrénées (Hautes-)	21.613 50	813 50	» »	» »	3.000 »	17.800 »	200 »	18.000 »
Pyrénées-Orientales	16.600 »	1.100 »	» »	» »	1.700 »	13.800 »	700 »	14.500 »
Rhin (Bas-)	125.925 »	5.348 »	12.577 »	» »	21.000 »	87.000 »	3.030 »	90.000 »
Rhin (Haut-)	98.641 25	4.500 »	» »	90.122 19	24.301 »	69.840 25	3.000 »	72.840 25
Rhône	217.540 »	5.000 »	30.000 »	» »	52.540 »	39.877 81	3.500 »	43.377 81
Saône (Haute-)	50.000 »	2.000 »	» »	» »	12.000 »	36.000 »	4.000 »	40.000 »
Saône-et-Loire	72.415 »	1.800 »	» »	16.000 »	10.465 »	60.150 »	3.500 »	63.650 »
Sarthe	96.725 »	6.000 »	» »	» »	» »	74.725 »	500 »	75.225 »
Seine	866.171 88	» »	» »	» »	» »	866.171 88	16.500 »	882.671 88
Seine-et-Marne	70.000 »	7.250 »	» »	» »	14.500 »	48.250 »	4.000 »	52.250 »
Seine-et-Oise	104.838 05	6.000 »	» »	» »	18.000 »	80.838 05	3.400 »	84.238 05
Seine-Inférieure	450.000 »	12.000 »	1.000 »	» »	160.000 »	277.000 »	3.000 »	280.000 »
Sèvres (Deux-)	70.000 »	4.000 »	» »	» »	18.000 »	48.000 »	200 »	48.200 »
Somme	89.084 40	2.000 »	» »	» »	13.000 »	74.084 40	500 »	74.584 40
Tarn	40.000 »	» »	» »	» »	8.777 »	49.163 »	137	49.300 »
Tarn-et-Garonne	61.320 »	3.380 »	» »	49.391 83	19.000 »	13.938 17	2.500 »	16.438 17
Var	88.330 »	6.000 »	» »	» »	15.600 »	52.410 »	2.200 »	54.610 »
Vaucluse	78.910 »	10.900 »	» »	» »	8.000 »	49.700 »	300 »	50.000 »
Vendée	65.700 »	8.000 »	» »	» »	5.000 »	61.095 »	400 »	61.495 »
Vienne	66.795 »	700 »	» »	» »	» »	30.000 »	500 »	30.500 »
Vienne (Haute-)	30.000 »	» »	» »	5.000 »	14.500 »	65.414 »	2.000 »	67.414 »
Vosges	88.914 »	4.000 »	» »	» »	19.330 40	47.194 60	1.200 »	48.394 60
Yonne	70.525 »	4.000 »	» »					
Totaux	7.544.129 15	403.758 87	81.984 25	211.487 49	1.281.083 86	5.565.814 68	148.649 50	5.714.404 18

TABLEAU N° 4. — RAPPORT DE LA DÉPENSE DES ALIÉNÉS (portion restant à la charge du département) AU TOTAL GÉNÉRAL DES DÉPENSES DU BUDGET DE 1860.

DÉSIGNATION des DÉPARTEMENTS.	TOTAL GÉNÉRAL des DÉPENSES au budget départemental (fr. c.)	PORTION de la dépense des aliénés restant à la charge DU DÉPARTEMENT (fr. c.)	RAPPORT de la dépense des aliénés au total général DES DÉPENSES
Ain	1.112.228 46	48.000 »	Le 23e
Aisne	2.218.169 76	44.000 »	Le 50e
Allier	1.018.176 70	62.335 50	Le 17e
Alpes (Basses-)	630.747 36	17.508 »	Le 36e
Alpes (Hautes-)	288.843 41	11.102 »	Le 26e
Ardèche	1.222.889 64	52.020 »	Le 23e
Ardennes	896.005 25	29.000 »	Le 31e
Ariège	544.173 92	53.000 »	Le 10e
Aube	899.322 69	32.000 »	Le 27e
Aude	936.803 26	35.400 »	Le 26e
Aveyron	1.018.194 29	39.500 »	Le 26e
Bouches-du-Rhône	1.796.998 54	91.648 75	Le 19e
Calvados	2.189.835 »	100.000 »	Le 22e
Cantal	554.777 35	22.400 »	Le 25e
Charente	1.329.315 53	35.400 »	Le 37e
Charente-Inférieure	1.950.865 83	50.000 »	Le 39e
Cher	929.410 05	34.959 »	Le 26e
Corrèze	685.304 54	33.000 »	Le 20e
Corse	578.478 44	10.000 »	Le 57e
Côte-d'Or	1.412.084 68	71.575 »	Le 19e
Côtes-du-Nord	1.081.278 »	96.500 »	Le 11e
Creuse	641.334 50	17.300 »	Le 37e
Dordogne	1.661.840 29	37.000 »	Le 45e
Doubs	1.007.308 05	21.500 »	Le 47e
Drôme	985.684 70	39.152 »	Le 25e
Eure	1.880.251 21	96.846 60	Le 19e
Eure-et-Loir	1.165.493 42	34.102 19	Le 34e
Finistère	989.050 92	40.645 59	Le 24e
Gard	1.304.855 54	43.000 »	Le 30e
Garonne (Haute-)	1.393.894 12	43.400 »	Le 32e
Gers	1.125.467 19	55.700 »	Le 20e
Gironde	2.087.123 14	86.000 »	Le 24e
Hérault	4.502.307 52	49.446 »	Le 91e
Ille-et-Vilaine	1.144.561 22	84.017 75	Le 13e
Indre	929.744 02	18.000 »	Le 51e
Indre-et-Loire	1.202.187 11	67.667 35	Le 17e
Isère	2.045.929 06	49.640 »	Le 41e
Jura	1.171.998 76	24.493 »	Le 47e
Landes	626.368 58	21.638 09	Le 29e
Loir-et-Cher	861.882 53	52.150 »	Le 16e
Loire	1.366.779 74	68.000 »	Le 21e
Loire (Haute-)	798.943 21	18.875 »	Le 44e
Loire-Inférieure	1.674.156 36	99.500 »	Le 16e
Loiret	1.307.666 80	52.200 »	Le 25e
Lot	1.390.401 49	48.350 »	Le 29e

DÉSIGNATION des DÉPARTEMENTS.	TOTAL GÉNÉRAL des DÉPENSES au budget départemental (fr. c.)	PORTION de la dépense des aliénés restant à la charge DU DÉPARTEMENT (fr. c.)	RAPPORT de la dépense des aliénés au total général DES DÉPENSES
Lot-et-Garonne	1.197.6[..] 04	36.963 50	Le 32e
Lozère	466.2[..] 81	30.000 »	Le 15e
Maine-et-Loire	1.619.8[..] 85	112.320 »	Le 14e
Manche	1.980.5[..] 65	17.000	Le 17e
Marne	1.190.7[..] 30	58.345	Le 20e
Marne (Haute-)	825.9[..] 24	34.355	Le 24e
Mayenne	1.413.8[..] 78	48.806 26	Le 29e
Meurthe	1.010.9[..] 61	52.000	Le 19e
Meuse	1.134.6[..] 98	47.070	Le 24e
Morbihan	749.1[..] 90	58.850	Le 13e
Moselle	988.3[..] 56	76.500	Le 13e
Nièvre	983.01[.] 08	47.000	Le 21e
Nord	2.735.4[..] 58	160.000	Le 17e
Oise	1.543.1[..] 44	64.700	Le 24e
Orne	1.521.6[..] 05	98.200	Le 15e
Pas-de-Calais	1.680.0[..] 40	99.800	Le 17e
Puy-de-Dôme	1.582.8[..] 06	54.000	Le 29e
Pyrénées (Basses-)	875.49[.] 62	37.300	Le 23e
Pyrénées (Hautes-)	398.7[..] 45	17.800	Le 22e
Pyrénées-Orientales	551.97[.] 26	13.800	Le 40e
Rhin (Bas-)	1.560.56[.] 81	87.000	Le 17e
Rhin (Haut-)	980.3[..] 96	69.840 25	Le 14e
Rhône	2.078.1[..] 36	130.000	Le 16e
Saône (Haute-)	936.68[.] 45	36.000	Le 26
Saône-et-Loire	1.465.4[..] 33	60.150	Le 24e
Sarthe	1.263.76[.] »	90.725	Le 14e
Seine	11.496.3[..] 77	856.171 88	Le 13e
Seine-et-Marne	2.842.4[..] 34	48.250	Le 58e
Seine-et-Oise	2.133.42[.] 63	80.838 05	Le 26e
Seine-Inférieure	3.586.57[.] 95	277.000	Le 13e
Sèvres (Deux-)	922.76[.] 15	48.000	Le 19e
Somme	1.368.37[.] 71	74.084 40	Le 18e
Tarn	1.018.04[.] 61	40.000	Le 25e
Tarn-et-Garonne	844.85[.] 34	49.163	Le 17e
Var	1.486.01[.] 02	33.330	Le 23e
Vaucluse	896.37[.] 33	52.410	Le 17e
Vendée	1.313.88[.] 65	49.700	Le 27e
Vienne	351.173 85	31.095	Le 6e
Vienne (Haute-)	908.49[.] 40	30.090	Le 33e
Vosges	993.80[.] 57	70.414	Le 14e
Yonne	1.228.42[.] 51		
	120.795.277 58	5.777.302 17	Le 20e

— Le tableau n⁰ 1 est extrait de la statistique officielle des établissements d'aliénés de 1842 à 1853. Il indique le nombre et l'accroissement des admissions dans les asiles de 1835 à 1853 inclusivement.

— Le tableau n⁰ 2 a été dressé par nous d'après tous les budgets départementaux de la France pour l'exercice 1860, que nous nous sommes procurés par l'intermédiaire de M. le préfet de Maine-et-Loire.

Il indique, avec la population de chaque département en regard, le nombre des aliénés sur lequel est calculée la subvention départementale, le nombre proportionnel pour 100,000 habitants et le prix de la journée.

Il résulte de cet examen :

1⁰ Que le nombre des aliénés dont la dépense figure aux budgets départementaux est, pour toute la France, de 22,122;

2⁰ Que le nombre proportionnel d'aliénés assistés pour 100,000 habitants en France, est de 61;

3⁰ Que le nombre des aliénés assistés est relativement plus considérable dans les départements pourvus d'un asile public ou privé ou d'un quartier de l'hospice, que dans les départements dont les aliénés sont traités dans l'asile d'un autre département.

— Le tableau n⁰ 3 indique, toujours d'après les budgets départementaux pour l'exercice 1660 :

1⁰ Le montant de l'évaluation de la dépense des aliénés à la charge de chaque département;

2⁰ Ce que les aliénés ou leurs familles peuvent fournir à l'aide de leurs propres ressources;

3º Le produit des indemnités à fournir par les hospices;

4º Ce que le conseil général juge convenable de laisser à la charge des centimes facultatifs;

5º Le produit présumé du concours des communes du domicile des aliénés;

6º Ce qui reste à la charge de la première section;

7º Le montant des frais de transport et de nourriture en route des aliénés indigents qui appartiennent au département;

8º Et enfin le total du sous-chapitre IX de tous les budgets départementaux.

Il résulte de l'examen de ce tableau que le total de la dépense d'entretien des aliénés assistés est évalué, pour toute la France, à 7,544,129 fr. 15 c.;

Que le concours des départements pour cette dépense est de 5,565,814 fr. 68 c.;

Que celui des communes est de 1,281,083 fr. 86 c.;

Que la part contributive des aliénés ou de leurs familles est de 403,758 fr. 87 c.;

Que les départements des Basses-Alpes, de l'Aveyron, de l'Eure, de la Haute-Garonne, d'Ille-et-Vilaine, d'Indre-et-Loire, de la Loire, de la Loire-Inférieure, du Bas-Rhin, du Rhône et de la Seine-Inférieure, en tout onze, sont les seuls dans lesquels les hospices fournissent des indemnités, et que le produit total de ces indemnités s'élève à 81,984 fr. 25 c.;

Que les départements de l'Eure, de la Loire, du Morbihan, de la Moselle, de l'Orne, du Rhône, de la Sarthe, du Var et des Vosges, en tout neuf, sont les seuls qui laissent une partie de la dépense de leurs aliénés à la charge des centimes facultatifs, et que cette partie de la dépense s'élève, pour ces neuf départements, à un total de 211,487 fr. 49 c. ;

Que ce qui reste à la charge de la première section peut être évalué, pour toute la France, à 5,565,814 fr. 68 c. ;

Que les frais de transport et de nourriture en route des aliénés indigents qui appartiennent aux départements sont évalués, pour toute la France, à 148,649 fr. 50 c. ;

Et qu'enfin, le total du sous-chapitre IX de tous les budgets départementaux est évalué à 5,714,464 fr. 18 c.

— Le tableau n° 4 indique, avec le total général des dépenses au budget de tous les départements, la portion de dépense restant à la charge de ces mêmes départements, déduction faite de la part des communes, des aliénés ou de leurs familles, des hospices, et le rapport de cette portion de dépense au total général.

Il résulte de l'examen de ce tableau que le total général des dépenses aux budgets départementaux de toute la France s'étant élevé à 120,795,277 fr. 58 c., la dépense des aliénés (portion restant à la charge des départements) y entre pour 5,777,302 fr. 17 c., ce qui représente le vingtième de ce total général.

PARIS. — IMPRIMERIE CENTRALE DE NAPOLÉON CHAIX ET Cᵉ, RUE BERGÈRE, 20. — 9066